TRANZLATY
Sprache ist für alle da
언어는 모든 사람을 위한 것입니다

Die Schöne und das Biest

미녀와 야수

Gabrielle-Suzanne Barbot de Villeneuve

Deutsch / 한국어

Copyright © 2025 Tranzlaty
All rights reserved
Published by Tranzlaty
ISBN: 978-1-80572-017-1
Original text by Gabrielle-Suzanne Barbot de Villeneuve
La Belle et la Bête
First published in French in 1740
Taken from The Blue Fairy Book (Andrew Lang)
Illustration by Walter Crane
www.tranzlaty.com

Es war einmal ein reicher Kaufmann
옛날에 부유한 상인이 있었습니다.
dieser reiche Kaufmann hatte sechs Kinder
이 부유한 상인은 여섯 명의 자녀를 두었습니다.
Er hatte drei Söhne und drei Töchter
그는 아들 셋과 딸 셋을 두었다
Er hat keine Kosten für ihre Ausbildung gescheut
그는 그들의 교육을 위해 아무런 비용도 아끼지 않았습니다.
weil er ein vernünftiger Mann war
그는 상식이 있는 사람이었기 때문이다
aber er gab seinen Kindern viele Diener
그러나 그는 그의 자녀들에게 많은 종들을 주었고
seine Töchter waren überaus hübsch
그의 딸들은 매우 예뻤다
und seine jüngste Tochter war besonders hübsch
그리고 그의 막내딸은 특히 예뻤어요
Schon als Kind wurde ihre Schönheit bewundert
어린 시절부터 그녀의 아름다움은 이미 존경을 받았다
und die Leute nannten sie nach ihrer Schönheit
사람들은 그녀의 아름다움 때문에 그녀를 불렀다
Ihre Schönheit verblasste nicht, als sie älter wurde
그녀의 아름다움은 나이가 들면서 사라지지 않았다
Deshalb nannten die Leute sie weiterhin wegen ihrer Schönheit
그래서 사람들은 그녀를 계속 그녀의 아름다움 때문에 불렀습니다.
das machte ihre Schwestern sehr eifersüchtig
이것은 그녀의 자매들을 매우 질투하게 만들었다
Die beiden ältesten Töchter waren sehr stolz
두 큰딸은 매우 자랑스러워했습니다
Ihr Reichtum war die Quelle ihres Stolzes
그들의 부는 그들의 자존심의 원천이었습니다
und sie verbargen ihren Stolz nicht
그리고 그들은 그들의 자존심도 숨기지 않았다

Sie besuchten nicht die Töchter anderer Kaufleute
그들은 다른 상인의 딸들을 방문하지 않았다
weil sie nur mit Aristokraten zusammentreffen
그들은 귀족층만 만나기 때문이다
Sie gingen jeden Tag zu Partys
그들은 매일 파티에 나갔다
Bälle, Theaterstücke, Konzerte usw.
무도회, 연극, 콘서트 등
und sie lachten über ihre jüngste Schwester
그리고 그들은 가장 어린 여동생을 비웃었다
weil sie die meiste Zeit mit Lesen verbrachte
그녀는 대부분의 시간을 독서에 보냈기 때문에
Es war allgemein bekannt, dass sie reich waren
그들이 부유하다는 것은 잘 알려져 있었다
so hielten mehrere bedeutende Kaufleute um ihre Hand an
그래서 몇몇 저명한 상인들이 그들의 손을 요청했습니다.
aber sie sagten, sie würden nicht heiraten
그런데 그 사람들은 결혼 안 할 거라고 했어
aber sie waren bereit, einige Ausnahmen zu machen
하지만 그들은 몇 가지 예외를 만들 준비가 되어 있었습니다.
„Vielleicht könnte ich einen Herzog heiraten"
"아마도 공작과 결혼할 수도 있을 거야"
„Ich schätze, ich könnte einen Grafen heiraten"
"내가 백작과 결혼할 수도 있겠다"
Schönheit dankte sehr höflich denen, die ihr einen Antrag gemacht hatten
미인은 그녀에게 청혼한 사람들에게 매우 정중하게 감사를 표했다
Sie sagte ihnen, sie sei noch zu jung zum Heiraten
그녀는 그들에게 결혼하기에는 아직 너무 어리다고 말했다
Sie wollte noch ein paar Jahre bei ihrem Vater bleiben
그녀는 그녀의 아버지와 몇 년 더 머물고 싶어했습니다
Auf einmal verlor der Kaufmann sein Vermögen

상인은 갑자기 재산을 잃었다
er verlor alles außer einem kleinen Landhaus
그는 작은 시골집 외에는 모든 것을 잃었습니다.
und er sagte seinen Kindern mit Tränen in den Augen:
그리고 그는 눈물을 흘리며 자녀들에게 이렇게 말했습니다.
„Wir müssen aufs Land gehen"
"우리는 시골로 가야 해요"
„und wir müssen für unseren Lebensunterhalt arbeiten"
"그리고 우리는 우리의 삶을 위해 일해야 합니다"
die beiden ältesten Töchter wollten die Stadt nicht verlassen
두 큰딸은 마을을 떠나고 싶어하지 않았다
Sie hatten mehrere Liebhaber in der Stadt
그들은 도시에 여러 연인이 있었습니다
und sie waren sicher, dass einer ihrer Liebhaber sie heiraten würde
그리고 그들은 그들의 연인 중 한 명이 그들과 결혼할 것이라고 확신했습니다.
Sie dachten, ihre Liebhaber würden sie heiraten, auch wenn sie kein Vermögen hätten
그들은 재산이 없어도 연인이 자기들과 결혼할 거라고 생각했다
aber die guten Damen haben sich geirrt
하지만 착한 여자들은 착각했어요
Ihre Liebhaber verließen sie sehr schnell
그들의 연인들은 매우 빨리 그들을 버렸다
weil sie kein Vermögen mehr hatten
그들은 더 이상 재산이 없었기 때문이다
das zeigte, dass sie nicht wirklich beliebt waren
이것은 그들이 실제로 별로 좋아하지 않는다는 것을 보여주었습니다.
alle sagten, sie verdienen kein Mitleid
다들 자기들은 불쌍히 여김받을 자격이 없다고 하더라
„Wir sind froh, dass ihr Stolz gedemütigt wurde"
"우리는 그들의 자존심이 낮아진 것을 보고 기쁩니다"

„Lasst sie stolz darauf sein, Kühe zu melken"
"그들이 젖소 짜는 것을 자랑스러워하게 하라"
aber sie waren um Schönheit besorgt
하지만 그들은 아름다움에 관심이 있었습니다
sie war so ein süßes Geschöpf
그녀는 정말 달콤한 존재였어
Sie sprach so freundlich zu armen Leuten
그녀는 가난한 사람들에게 매우 친절하게 말했습니다
und sie war von solch unschuldiger Natur
그녀는 정말 순진한 성격이었어
Mehrere Herren hätten sie geheiratet
여러 신사들이 그녀와 결혼했을 것입니다.
Sie hätten sie geheiratet, obwohl sie arm war
그녀는 가난했어도 결혼했을 거야
aber sie sagte ihnen, sie könne sie nicht heiraten
하지만 그녀는 그들에게 결혼할 수 없다고 말했습니다.
weil sie ihren Vater nicht verlassen wollte
그녀는 아버지를 떠나지 않았기 때문에
sie war entschlossen, mit ihm aufs Land zu fahren
그녀는 그와 함께 시골로 가기로 결심했다
damit sie ihn trösten und ihm helfen konnte
그녀가 그를 위로하고 도울 수 있도록
Die arme Schönheit war zunächst sehr betrübt
불쌍한 미인은 처음에는 매우 슬퍼했습니다.
sie war betrübt über den Verlust ihres Vermögens
그녀는 재산을 잃은 것에 슬퍼했다
„Aber Weinen wird mein Schicksal nicht ändern"
"하지만 울어도 내 운명은 바뀌지 않아"
„Ich muss versuchen, ohne Reichtum glücklich zu sein"
"나는 부 없이도 행복해지려고 노력해야 한다"
Sie kamen zu ihrem Landhaus
그들은 그들의 시골집에 왔다
und der Kaufmann und seine drei Söhne widmeten sich der Landwirtschaft
그리고 상인과 그의 세 아들은 농사에 전념했습니다.

Schönheit stand um vier Uhr morgens auf
아름다움은 아침 4시에 일어났다
und sie beeilte sich, das Haus zu putzen
그리고 그녀는 서둘러 집을 청소했다
und sie sorgte dafür, dass das Abendessen fertig war
그리고 그녀는 저녁이 준비되었는지 확인했습니다
ihr neues Leben fiel ihr zunächst sehr schwer
처음에 그녀는 새로운 삶이 매우 어렵다는 것을 알았습니다.
weil sie diese Arbeit nicht gewohnt war
그녀는 그런 일에 익숙하지 않았기 때문이다
aber in weniger als zwei Monaten wurde sie stärker
하지만 두 달도 채 안 되어 그녀는 더 강해졌습니다.
und sie war gesünder als je zuvor
그리고 그녀는 그 어느 때보다 더 건강했습니다
nachdem sie ihre arbeit erledigt hatte, las sie
그녀는 일을 마친 후에 책을 읽었습니다.
sie spielte Cembalo
그녀는 하프시코드를 연주했다
oder sie sang, während sie Seide spann
아니면 그녀는 실크를 뽑는 동안 노래를 불렀습니다.
im Gegenteil, ihre beiden Schwestern wussten nicht, wie sie ihre Zeit verbringen sollten
오히려 그녀의 두 자매는 시간을 어떻게 보내야 할지 몰랐다.
Sie standen um zehn auf und taten den ganzen Tag nichts anderes als herumzufaulenzen
그들은 열시에 일어나서 하루종일 게으름 피우며 아무것도 하지 않았습니다.
Sie beklagten den Verlust ihrer schönen Kleider
그들은 좋은 옷을 잃은 것을 한탄했습니다.
und sie beklagten sich über den Verlust ihrer Bekannten
그리고 그들은 지인을 잃었다고 불평했습니다.
„Schau dir unsere jüngste Schwester an", sagten sie zueinander

"우리 막내 여동생 좀 봐" 그들은 서로에게 말했다.
„Was für ein armes und dummes Geschöpf sie ist"
"그녀는 얼마나 불쌍하고 멍청한 존재인가"
„Es ist gemein, mit so wenig zufrieden zu sein"
"그렇게 적은 것에 만족하는 것은 비열한 짓이다"
der freundliche Kaufmann war ganz anderer Meinung
친절한 상인은 전혀 다른 의견을 가지고 있었습니다.
er wusste sehr wohl, dass Schönheit ihre Schwestern übertraf
그는 그녀의 아름다움이 자매들보다 더 뛰어나다는 것을 잘 알고 있었습니다.
Sie übertraf sie sowohl charakterlich als auch geistig
그녀는 성격과 정신력 면에서 그들을 능가했습니다.
er bewunderte ihre Bescheidenheit und ihre harte Arbeit
그는 그녀의 겸손함과 그녀의 노고에 감탄했다
aber am meisten bewunderte er ihre Geduld
하지만 무엇보다도 그는 그녀의 인내심에 감탄했습니다.
Ihre Schwestern überließen ihr die ganze Arbeit
그녀의 자매들은 그녀에게 모든 일을 맡겼다
und sie beleidigten sie ständig
그리고 그들은 그녀를 매 순간 모욕했습니다
Die Familie hatte etwa ein Jahr lang so gelebt
이 가족은 이렇게 1년 정도 살았다
dann bekam der Kaufmann einen Brief von einem Buchhalter
그러자 상인은 회계사로부터 편지를 받았다.
er hatte in ein Schiff investiert
그는 배에 투자를 했다
und das Schiff war sicher angekommen
그리고 배는 무사히 도착했습니다
diese Nachricht ließ die beiden ältesten Töchter staunen
은 두 큰 딸의 관심을 끌었다.
Sie hatten sofort die Hoffnung, in die Stadt zurückzukehren
그들은 즉시 마을로 돌아갈 수 있기를 바랐다
weil sie des Landlebens überdrüssig waren

그들은 시골 생활에 꽤 지쳐 있었기 때문이다
Sie gingen zu ihrem Vater, als er ging
그들은 아버지가 떠나는 것을 보고 그에게로 갔다.
Sie baten ihn, ihnen neue Kleider zu kaufen
그들은 그에게 새 옷을 사달라고 간청했다
Kleider, Bänder und allerlei Kleinigkeiten
드레스, 리본, 그리고 온갖 작은 것들
aber die Schönheit verlangte nichts
하지만 아름다움은 아무것도 요구하지 않는다
weil sie dachte, das Geld würde nicht reichen
그녀는 돈이 충분하지 않을 것이라고 생각했기 때문이다
es würde nicht reichen, um alles zu kaufen, was ihre Schwestern wollten
그녀의 자매들이 원하는 모든 것을 살 만큼 충분하지 않을 것이다
„Was möchtest du, Schönheit?", fragte ihr Vater
"아가씨, 뭐 드시겠어요?" 그녀의 아버지가 물었습니다.
"Danke, Vater, dass du so nett bist, an mich zu denken", sagte sie
"아버지, 저를 생각해 주셔서 감사합니다." 그녀가 말했다.
„Vater, sei so freundlich und bring mir eine Rose mit"
"아버지, 장미 한 송이 가져다 주세요"
„weil hier im Garten keine Rosen wachsen"
"이 정원에는 장미가 자라지 않으니까요"
„und Rosen sind eine Art Rarität"
"그리고 장미는 일종의 희귀종이에요"
Schönheit mochte Rosen nicht wirklich
미인은 장미를 별로 좋아하지 않았다
sie bat nur um etwas, um ihre Schwestern nicht zu verurteilen
그녀는 단지 그녀의 자매들을 비난하지 않기 위해 무언가를 요청했을 뿐입니다.
aber ihre Schwestern dachten, sie hätte aus anderen Gründen nach Rosen gefragt
하지만 그녀의 자매들은 그녀가 다른 이유로 장미를

요청했다고 생각했습니다.
„Sie hat es nur getan, um besonders auszusehen"
"그녀는 특별하게 보이기 위해 그렇게 했을 뿐이야"
Der freundliche Mann machte sich auf die Reise
친절한 남자는 여행을 떠났다
aber als er ankam, stritten sie über die Ware
그러나 그가 도착했을 때 그들은 상품에 대해 논쟁했습니다.
und nach viel Ärger kam er genauso arm zurück wie zuvor
그리고 많은 고생 끝에 그는 예전처럼 가난하게 돌아왔다
er war nur ein paar Stunden von seinem eigenen Haus entfernt
그는 자신의 집에서 몇 시간 거리에 있었습니다.
und er stellte sich schon die Freude vor, seine Kinder zu sehen
그리고 그는 이미 그의 아이들을 보는 기쁨을 상상했습니다
aber als er durch den Wald ging, verirrte er sich
하지만 숲을 지나가다가 길을 잃었어요
es hat furchtbar geregnet und geschneit
비가 내리고 눈이 엄청 내렸다
der Wind war so stark, dass er ihn vom Pferd warf
바람이 너무 강해서 그는 말에서 떨어졌다.
und die Nacht kam schnell
그리고 밤이 빨리 다가왔다
er begann zu glauben, er müsse verhungern
그는 굶어죽을지도 모른다는 생각이 들기 시작했다
und er dachte, er könnte erfrieren
그리고 그는 자신이 얼어죽을지도 모른다고 생각했습니다.
und er dachte, Wölfe könnten ihn fressen
그리고 그는 늑대가 자신을 먹을지도 모른다고 생각했습니다.
die Wölfe, die er um sich herum heulen hörte
그가 주변에서 울부짖는 늑대들의 소리를 들었다

aber plötzlich sah er ein Licht
그런데 갑자기 그는 빛을 보았습니다.
er sah das Licht in der Ferne durch die Bäume
그는 나무 사이로 멀리서 빛을 보았다
als er näher kam, sah er, dass das Licht ein Palast war
그가 가까이 다가갔을 때 그는 빛이 궁전인 것을 보았습니다.
der Palast war von oben bis unten beleuchtet
궁전은 위에서 아래까지 밝았다
Der Kaufmann dankte Gott für sein Glück
상인은 자신의 행운에 대해 신에게 감사했습니다.
und er eilte zum Palast
그리고 그는 궁전으로 서둘러 갔다
aber er war überrascht, keine Leute im Palast zu sehen
그러나 그는 궁전에 사람이 하나도 없는 것을 보고 놀랐다.
der Hof war völlig leer
안뜰은 완전히 비어 있었다
und nirgendwo ein Lebenszeichen
그리고 어디에도 생명의 흔적이 없었다
sein Pferd folgte ihm in den Palast
그의 말은 그를 따라 궁전으로 들어갔다
und dann fand sein Pferd großen Stall
그리고 그의 말은 큰 마구간을 발견했습니다.
das arme Tier war fast verhungert
불쌍한 동물은 거의 굶주렸습니다
also ging sein Pferd hinein, um Heu und Hafer zu finden
그래서 그의 말은 건초와 귀리를 찾으러 들어갔다
zum Glück fand er reichlich zu essen
다행히 그는 먹을 것이 많이 있었다
und der Kaufmann band sein Pferd an die Krippe
그리고 상인은 그의 말을 구유에 묶어두었습니다.
Als er zum Haus ging, sah er niemanden
그는 집으로 걸어갔지만 아무도 보이지 않았다.
aber in einer großen Halle fand er ein gutes Feuer
그러나 그는 큰 홀에서 좋은 불을 발견했습니다.

und er fand einen Tisch für eine Person gedeckt
그리고 그는 한 사람을 위한 테이블을 찾았습니다.
er war nass vom Regen und Schnee
그는 비와 눈에 젖어 있었다
Also ging er zum Feuer, um sich abzutrocknen
그래서 그는 몸을 말리기 위해 불 가까이로 갔다
„Ich hoffe, der Hausherr entschuldigt mich"
"집주인께서 저를 용서해 주시기를 바랍니다"
„Ich schätze, es wird nicht lange dauern, bis jemand auftaucht."
"누군가 나타날 때까지 시간이 오래 걸리지 않을 것 같아요"
Er wartete eine beträchtliche Zeit
그는 상당한 시간을 기다렸다
er wartete, bis es elf schlug, und noch immer kam niemand
그는 열한 시가 될 때까지 기다렸지만 여전히 아무도 오지 않았습니다.
Schließlich war er so hungrig, dass er nicht länger warten konnte
마침내 그는 너무 배고파서 더 이상 기다릴 수 없었습니다.
er nahm ein Hühnchen und aß es in zwei Bissen
그는 닭고기를 가져다가 두 입에 다 먹었습니다.
er zitterte beim Essen
그는 음식을 먹으면서 떨고 있었다
danach trank er ein paar Gläser Wein
그 후 그는 몇 잔의 와인을 마셨다
Er wurde mutiger und verließ den Saal
그는 더욱 용기를 얻어 홀 밖으로 나갔다.
und er durchquerte mehrere große Hallen
그리고 그는 여러 개의 웅장한 홀을 통과했습니다.
Er ging durch den Palast, bis er in eine Kammer kam
그는 궁전을 지나 방에 도착할 때까지 걸어갔다.
eine Kammer, in der sich ein überaus gutes Bett befand
매우 좋은 침대가 있는 방
er war von der Tortur sehr erschöpft

그는 그의 시련으로 인해 매우 지쳐 있었습니다.
und es war schon nach Mitternacht
그리고 시간은 이미 자정을 넘었습니다
also beschloss er, dass es das Beste sei, die Tür zu schließen
그래서 그는 문을 닫는 것이 최선이라고 결정했습니다.
und er beschloss, dass er zu Bett gehen sollte
그리고 그는 잠자리에 들기로 결심했다
Es war zehn Uhr morgens, als der Kaufmann aufwachte
상인이 깨어난 것은 오전 10시였다.
gerade als er aufstehen wollte, sah er etwas
그가 일어나려고 할 때 그는 무언가를 보았습니다.
er war erstaunt, saubere Kleidung zu sehen
그는 깨끗한 옷을 보고 놀랐다
an der Stelle, wo er seine schmutzigen Kleider zurückgelassen hatte
그가 더러운 옷을 놓아두었던 그 자리에
"Mit Sicherheit gehört dieser Palast einer netten Fee"
"이 궁전은 분명 어떤 선녀의 소유일 거야"
„eine Fee, die mich gesehen und bemitleidet hat"
" 나를 보고 불쌍히 여기는 요정 "
er sah durch ein Fenster
그는 창문으로 들여다보았다
aber statt Schnee sah er den herrlichsten Garten
그러나 그는 눈 대신 가장 아름다운 정원을 보았습니다.
und im Garten waren die schönsten Rosen
그리고 정원에는 가장 아름다운 장미들이 있었습니다
dann kehrte er in die große Halle zurück
그런 다음 그는 대강당으로 돌아갔다.
der Saal, in dem er am Abend zuvor Suppe gegessen hatte
그가 전날 밤 수프를 먹었던 홀
und er fand etwas Schokolade auf einem kleinen Tisch
그리고 그는 작은 테이블에서 초콜릿을 발견했습니다.
„Danke, liebe Frau Fee", sagte er laut
"고맙습니다, 좋은 요정 부인님." 그는 큰 소리로 말했습니다.

„Danke für Ihre Fürsorge"
"너무나 친절하게 대해주셔서 감사합니다"
„Ich bin Ihnen für all Ihre Gefälligkeiten äußerst dankbar"
"당신의 모든 은혜에 진심으로 감사드립니다"
Der freundliche Mann trank seine Schokolade
친절한 남자는 초콜릿을 마셨다
und dann ging er sein Pferd suchen
그리고 그는 말을 찾으러 갔다
aber im Garten erinnerte er sich an die Bitte der Schönheit
그러나 정원에서 그는 아름다움의 요청을 기억했습니다.
und er schnitt einen Rosenzweig ab
그리고 그는 장미 가지를 잘랐다
sofort hörte er ein lautes Geräusch
그는 즉시 큰 소리를 들었습니다.
und er sah ein furchtbar furchtbares Tier
그리고 그는 매우 무서운 짐승을 보았습니다.
er war so erschrocken, dass er kurz davor war, ohnmächtig zu werden
그는 너무 무서워서 기절할 지경이었다
„Du bist sehr undankbar", sagte das Tier zu ihm
"너는 정말 배은망덕하구나." 짐승이 그에게 말했다.
und das Tier sprach mit schrecklicher Stimme
그리고 그 짐승은 무서운 목소리로 말했습니다.
„Ich habe dein Leben gerettet, indem ich dich in mein Schloss gelassen habe"
"내가 너를 내 성으로 들여보냄으로써 네 생명을 구했다"
"und dafür stiehlst du mir im Gegenzug meine Rosen?"
"그리고 그 대가로 당신은 내 장미를 훔쳐갔어요?"
„Die Rosen sind für mich mehr wert als alles andere"
"내가 무엇보다도 소중히 여기는 장미"
„Aber du wirst für das, was du getan hast, sterben"
"그러나 너는 네가 행한 일로 인해 죽을 것이다"
„Ich gebe Ihnen nur eine Viertelstunde, um sich vorzubereiten"
"나는 당신에게 준비할 시간을 15분만 드리겠습니다"

„Bereiten Sie sich auf den Tod vor und sprechen Sie Ihre Gebete"
"죽음을 준비하고 기도하세요"
der Kaufmann fiel auf die Knie
상인은 무릎을 꿇었다
und er hob beide Hände
그리고 그는 두 손을 들어올렸다
„Mein Herr, ich flehe Sie an, mir zu vergeben"
"주님, 저를 용서해 주시기를 간청합니다"
„Ich hatte nicht die Absicht, Sie zu beleidigen"
"나는 당신을 화나게 할 의도가 없었습니다"
„Ich habe für eine meiner Töchter eine Rose gepflückt"
"나는 내 딸 중 한 명을 위해 장미를 모았습니다"
„Sie bat mich, ihr eine Rose mitzubringen"
"그녀가 내게 장미 한 송이 가져다 달라고 부탁했어"
„Ich bin nicht euer Herr, sondern ein Tier", antwortete das Monster
"나는 당신의 주인이 아니라 짐승입니다." 괴물이 대답했습니다.
„Ich mag keine Komplimente"
"나는 칭찬을 좋아하지 않는다"
„Ich mag Menschen, die so sprechen, wie sie denken"
"나는 생각대로 말하는 사람을 좋아한다"
„glauben Sie nicht, dass ich durch Schmeicheleien bewegt werden kann"
"내가 아첨에 감동받을 수 있다고 생각하지 마세요"
„Aber Sie sagen, Sie haben Töchter"
"그런데 당신은 딸이 있다고 하셨잖아요"
„Ich werde dir unter einer Bedingung vergeben"
"한 가지 조건으로 당신을 용서하겠습니다"
„Eine deiner Töchter muss freiwillig in meinen Palast kommen"
"너희 딸 중 한 명이 기꺼이 내 궁전에 와야 한다"
"und sie muss für dich leiden"
"그리고 그녀는 당신을 위해 고통을 겪어야 합니다"

„Gib mir Dein Wort"
"당신의 말을 들어보세요"
„Und dann können Sie Ihren Geschäften nachgehen"
"그리고 나서 당신은 당신의 일을 계속할 수 있습니다"
„Versprich mir das:"
"나에게 이걸 약속해:"
„Wenn Ihre Tochter sich weigert, für Sie zu sterben, müssen Sie innerhalb von drei Monaten zurückkehren"
"만약 당신의 딸이 당신을 위해 죽기를 거부한다면, 당신은 3개월 안에 돌아와야 합니다"
der Kaufmann hatte nicht die Absicht, seine Töchter zu opfern
상인은 딸들을 희생시킬 생각이 전혀 없었다
aber da ihm Zeit gegeben wurde, wollte er seine Töchter noch einmal sehen
하지만 시간이 주어지자 그는 딸들을 다시 한 번 보고 싶어했습니다.
also versprach er, dass er zurückkehren würde
그래서 그는 돌아올 것을 약속했습니다
und das Tier sagte ihm, er könne aufbrechen, wann er wolle
그리고 그 짐승은 그가 원할 때 출발할 수 있다고 그에게 말했습니다.
und das Tier erzählte ihm noch etwas
그리고 그 짐승은 그에게 한 가지 더 말했습니다.
„Du sollst nicht mit leeren Händen gehen"
"너희는 빈손으로 떠나지 말라"
„Geh zurück in das Zimmer, in dem du lagst"
"너가 누워 있던 방으로 돌아가라"
„Sie werden eine große leere Schatzkiste sehen"
"당신은 큰 빈 보물 상자를 보게 될 것입니다"
„Fülle die Schatzkiste mit allem, was Dir am besten gefällt"
"당신이 가장 좋아하는 것으로 보물상자를 채워보세요"
„und ich werde die Schatzkiste zu Dir nach Hause schicken"
"그리고 나는 보물상자를 당신 집으로 보내줄게요"
und gleichzeitig zog sich das Tier zurück

그리고 동시에 짐승은 물러났다
„Nun", sagte sich der gute Mann
"글쎄요." 선한 사람이 스스로에게 말했습니다.
„Wenn ich sterben muss, werde ich meinen Kindern
wenigstens etwas hinterlassen"
"내가 죽어야 한다면 적어도 자식들에게 뭔가를
남겨주겠다"
so kehrte er ins Schlafzimmer zurück
그래서 그는 침실로 돌아갔다
und er fand sehr viele Goldstücke
그리고 그는 많은 금화들을 발견했습니다.
er füllte die Schatzkiste, die das Tier erwähnt hatte
그는 짐승이 언급한 보물 상자를 채웠다
und er holte sein Pferd aus dem Stall
그리고 그는 말을 마구간에서 꺼냈다.
die Freude, die er beim Betreten des Palastes empfand, war
nun genauso groß wie die Trauer, die er beim Verlassen des
Palastes empfand
궁전에 들어갔을 때 느꼈던 기쁨은 이제 궁전을 나설 때
느꼈던 슬픔과 같았다.
Das Pferd nahm einen der Wege im Wald
말은 숲길 중 하나를 택했다
und in wenigen Stunden war der gute Mann zu Hause
그리고 몇 시간 후에 좋은 사람이 집에 왔습니다.
seine Kinder kamen zu ihm
그의 아이들이 그에게 왔다
aber anstatt ihre Umarmungen mit Freude
entgegenzunehmen, sah er sie an
그러나 그는 그들의 포옹을 기쁘게 받아들이는 대신
그들을 바라보았습니다.
er hielt den Ast hoch, den er in den Händen hielt
그는 손에 들고 있던 나뭇가지를 들어올렸다
und dann brach er in Tränen aus
그리고 그는 눈물을 터뜨렸습니다
„Schönheit", sagte er, „nimm bitte diese Rosen"

"아름다움이여," 그는 말했다, "이 장미들을 가져가세요"
„Sie können nicht wissen, wie teuer diese Rosen waren"
"이 장미가 얼마나 비싼지 알 수 없을 거야"
„Diese Rosen haben deinen Vater das Leben gekostet"
"이 장미 때문에 당신 아버지의 목숨이 앗겨갔어요"
und dann erzählte er von seinem tödlichen Abenteuer
그리고 그는 자신의 치명적인 모험에 대해
이야기했습니다.
Sofort schrien die beiden ältesten Schwestern
그러자 큰 자매 둘이 즉시 소리쳤다.
und sie sagten viele gemeine Dinge zu ihrer schönen Schwester
그리고 그들은 아름다운 여동생에게 많은 못된 말을 했습니다.
aber die Schönheit weinte überhaupt nicht
하지만 미인은 전혀 울지 않았다
„Seht euch den Stolz dieses kleinen Schurken an", sagten sie
"저 꼬마의 자존심을 봐요." 그들이 말했다.
„Sie hat nicht nach schönen Kleidern gefragt"
"그녀는 좋은 옷을 요구하지 않았다"
„Sie hätte tun sollen, was wir getan haben"
"그녀는 우리가 한 일을 했어야 했어"
„Sie wollte sich hervortun"
"그녀는 자신을 구별하고 싶어했습니다"
„so wird sie nun den Tod unseres Vaters bedeuten"
"그러니까 이제 그녀는 우리 아버지의 죽음이 될 거야"
„und doch vergießt sie keine Träne"
"그래도 그녀는 눈물을 흘리지 않는다"
"Warum sollte ich weinen?", antwortete die Schönheit
"왜 울어야 하나요?" 미인이 대답했다
„Weinen wäre völlig unnötig"
"울어도 소용없어"
„Mein Vater wird nicht für mich leiden"
"내 아버지는 나 때문에 고통을 겪지 않을 거야"

„Das Monster wird eine seiner Töchter akzeptieren"
"괴물은 자기 딸 중 하나를 받아들일 것이다"
„Ich werde mich seiner ganzen Wut aussetzen"
"나는 그의 모든 분노에 나 자신을 바칠 것이다"
„Ich bin sehr glücklich, denn mein Tod wird das Leben meines Vaters retten"
"저는 매우 행복합니다. 제 죽음이 아버지의 생명을 구할 것이기 때문입니다."
„Mein Tod wird ein Beweis meiner Liebe sein"
"내 죽음은 내 사랑의 증거가 될 것이다"
„Nein, Schwester", sagten ihre drei Brüder
"아니요, 자매님." 그녀의 세 형제가 말했습니다.
„das darf nicht sein"
"그것은 아닐 것이다"
„Wir werden das Monster finden"
"우리는 괴물을 찾아갈 것이다"
"und entweder wir werden ihn töten..."
"그리고 우리가 그를 죽일 거야..."
„... oder wir werden bei dem Versuch umkommen"
"... 그렇지 않으면 우리는 시도에서 죽을 것입니다"
„Stellt euch nichts dergleichen vor, meine Söhne", sagte der Kaufmann
"아들아, 그런 일은 상상도 하지 마라" 상인이 말했다.
„Die Kraft des Biests ist so groß, dass ich keine Hoffnung habe, dass Ihr es besiegen könntet."
"짐승의 힘이 너무 강해서 네가 그를 이길 수 있을 리가 없어"
„Ich bin entzückt von dem freundlichen und großzügigen Angebot der Schönheit"
"나는 아름다움의 친절하고 관대한 제안에 매료되었습니다"
„aber ich kann ihre Großzügigkeit nicht annehmen"
"하지만 나는 그녀의 관대함을 받아들일 수 없어"
„Ich bin alt und habe nicht mehr lange zu leben"
"나는 늙었고, 더 이상 살 수 없습니다"

„also kann ich nur ein paar Jahre verlieren"
"그래서 몇 년만 잃을 수 있을 거야"
„Zeit, die ich für euch bereue, meine lieben Kinder"
"내가 너희를 위해 애석하게 여기는 시간, 나의 사랑하는 자녀들아"
„Aber Vater", sagte die Schönheit
"하지만 아버지," 미인이 말했다
„Du sollst nicht ohne mich in den Palast gehen"
"내가 없이는 궁전에 갈 수 없다"
„Du kannst mich nicht davon abhalten, dir zu folgen"
"너는 내가 너를 따라가는 것을 막을 수 없어"
nichts könnte Schönheit vom Gegenteil überzeugen
그렇지 않으면 아름다움을 설득할 수 있는 것은 아무것도 없습니다.
Sie bestand darauf, in den schönen Palast zu gehen
그녀는 아름다운 궁전에 가는 것을 고집했다
und ihre Schwestern waren erfreut über ihre Beharrlichkeit
그리고 그녀의 자매들은 그녀의 주장에 기뻐했습니다.
Der Kaufmann war besorgt bei dem Gedanken, seine Tochter zu verlieren
상인은 딸을 잃을까봐 걱정이 되었습니다.
er war so besorgt, dass er die Truhe voller Gold vergessen hatte
그는 너무 걱정해서 금으로 가득 찬 상자를 잊어버렸다
Abends begab er sich zur Ruhe und schloss die Tür seines Zimmers.
밤에 그는 쉬기 위해 물러났고 방문을 닫았습니다.
Dann fand er zu seinem großen Erstaunen den Schatz neben seinem Bett.
그러자 그는 침대 옆에 보물이 있는 것을 보고 매우 놀랐습니다.
er war entschlossen, es seinen Kindern nicht zu erzählen
그는 자녀들에게 말하지 않기로 결심했다
Wenn sie es gewusst hätten, wären sie in die Stadt zurückgekehrt

그들이 알았다면 그들은 마을로 돌아가고 싶어했을
것이다
und er war entschlossen, das Land nicht zu verlassen
그리고 그는 시골을 떠나지 않기로 결심했습니다.
aber er vertraute der Schönheit das Geheimnis
그러나 그는 아름다움에게 비밀을 맡겼다
Sie teilte ihm mit, dass zwei Herren gekommen seien
그녀는 그에게 두 명의 신사가 왔다고 알렸다.
und sie machten ihren Schwestern einen Heiratsantrag
그리고 그들은 그녀의 자매들에게 제안을 했습니다.
Sie bat ihren Vater, ihrer Heirat zuzustimmen
그녀는 그녀의 아버지에게 그들의 결혼에 동의해 달라고
간청했습니다.
und sie bat ihn, ihnen etwas von seinem Vermögen zu geben
그리고 그녀는 그에게 그의 재산 중 일부를 그들에게
주라고 했습니다.
sie hatte ihnen bereits vergeben
그녀는 이미 그들을 용서했다
Die bösen Kreaturen rieben ihre Augen mit Zwiebeln
사악한 생물들은 양파로 눈을 비볐다
um beim Abschied von der Schwester ein paar Tränen zu vergießen
언니와 헤어질 때 눈물을 흘리게 하려고
aber ihre Brüder waren wirklich besorgt
하지만 그녀의 형제들은 정말로 걱정하고 있었어요
Schönheit war die einzige, die keine Tränen vergoss
눈물을 흘리지 않는 유일한 사람은 미인이었다
sie wollte ihr Unbehagen nicht vergrößern
그녀는 그들의 불안감을 키우고 싶지 않았다
Das Pferd nahm den direkten Weg zum Palast
말은 궁전으로 가는 직행 도로를 택했다
und gegen Abend sahen sie den erleuchteten Palast
그리고 저녁 무렵 그들은 빛나는 궁전을 보았습니다.
das Pferd begab sich wieder in den Stall

말은 다시 마구간으로 들어갔다
und der gute Mann und seine Tochter gingen in die große Halle
그리고 선한 남자와 그의 딸은 큰 홀로 들어갔다.
hier fanden sie einen herrlich gedeckten Tisch
여기서 그들은 훌륭하게 차려진 테이블을 발견했습니다.
der Kaufmann hatte keinen Appetit zu essen
상인은 먹을 식욕이 없었다
aber die Schönheit bemühte sich, fröhlich zu erscheinen
그러나 아름다움은 쾌활해 보이려고 노력했다
sie setzte sich an den Tisch und half ihrem Vater
그녀는 테이블에 앉아서 아버지를 도왔습니다.
aber sie dachte auch bei sich:
하지만 그녀는 또한 자신에게 이렇게 생각했습니다.
„Das Biest will mich sicher mästen, bevor es mich frisst"
"짐승은 나를 먹기 전에 나를 살찌우고 싶어할 거야"
„deshalb sorgt er für so viel Unterhaltung"
"그래서 그는 그토록 풍부한 오락을 제공하는 거야"
Nachdem sie gegessen hatten, hörten sie ein großes Geräusch
그들이 먹은 후에 큰 소리가 들렸다
und der Kaufmann verabschiedete sich mit Tränen in den Augen von seinem unglücklichen Kind
그리고 상인은 눈물을 흘리며 불행한 아이에게 작별 인사를 했습니다.
weil er wusste, dass das Biest kommen würde
그는 짐승이 올 것을 알았기 때문이다
Die Schönheit war entsetzt über seine schreckliche Gestalt
미인은 그의 끔찍한 모습에 겁에 질렸다
aber sie nahm ihren Mut zusammen, so gut sie konnte
하지만 그녀는 할 수 있는 한 용기를 냈습니다.
und das Monster fragte sie, ob sie freiwillig mitkäme
그리고 괴물은 그녀에게 기꺼이 왔는지 물었습니다.
"ja, ich bin freiwillig gekommen", sagte sie zitternd
"그래요, 저는 기꺼이 왔어요." 그녀는 떨면서 말했다.

Das Tier antwortete: „Du bist sehr gut"
짐승은 "너는 정말 훌륭하다"고 대답했다.
„und ich bin Ihnen zu großem Dank verpflichtet, ehrlicher Mann"
"그리고 나는 당신에게 큰 감사를 표합니다. 정직한 사람이시군요"
„Geht morgen früh eure Wege"
"내일 아침에 가거라"
„aber denk nie daran, wieder hierher zu kommen"
"하지만 다시는 여기 오는 생각은 하지 마세요"
„Lebe wohl, Schönheit, lebe wohl, Biest", antwortete er
"안녕, 미녀야, 안녕, 야수야." 그가 대답했다.
und sofort zog sich das Monster zurück
그리고 괴물은 즉시 물러났다
"Oh, Tochter", sagte der Kaufmann
"아, 딸아." 상인이 말했다.
und er umarmte seine Tochter noch einmal
그리고 그는 다시 한번 딸을 껴안았다.
„Ich habe fast Todesangst"
"나는 거의 죽을 정도로 무서워요"
„glauben Sie mir, Sie sollten lieber zurückgehen"
"나를 믿어, 너는 돌아가는 게 낫겠다"
„Lass mich hier bleiben, statt dir"
"내가 너 대신 여기 머물게 해줘"
„Nein, Vater", sagte die Schönheit entschlossen
"아니요, 아버지." 미인이 단호한 어조로 말했다.
„Du sollst morgen früh aufbrechen"
"너는 내일 아침에 출발해야 한다"
„überlasse mich der Obhut und dem Schutz der Vorsehung"
"나를 보호와 보살핌에 맡겨주세요"
trotzdem gingen sie zu Bett
그럼에도 불구하고 그들은 잠자리에 들었다
Sie dachten, sie würden die ganze Nacht kein Auge zutun
그들은 밤새 눈을 감지 않을 거라고 생각했다
aber als sie sich hinlegten, schliefen sie ein

하지만 그들이 누워있는 순간 그들은 잠들었다
Die Schönheit träumte, eine schöne Dame kam und sagte zu ihr:
미인은 아름다운 여인이 와서 말하는 꿈을 꾸었습니다.
„Ich bin zufrieden, Schönheit, mit deinem guten Willen"
"나는 당신의 호의에 만족합니다, 아름다움이여"
„Diese gute Tat von Ihnen wird nicht unbelohnt bleiben"
"당신의 이 좋은 행동은 보상받지 못할 것이 없습니다"
Die Schöne erwachte und erzählte ihrem Vater ihren Traum
미녀는 깨어나서 아버지에게 자신의 꿈을 말했습니다.
der Traum tröstete ihn ein wenig
그 꿈은 그에게 약간이나마 위로가 되었다
aber er konnte nicht anders, als bitterlich zu weinen, als er ging
그러나 그는 떠나면서 몹시 울음을 참을 수 없었다.
Sobald er weg war, setzte sich Schönheit in die große Halle und weinte ebenfalls
그가 떠나자마자 미인은 대강당에 앉아 울기 시작했습니다.
aber sie beschloss, sich keine Sorgen zu machen
하지만 그녀는 불안해하지 않기로 결심했습니다.
Sie beschloss, in der kurzen Zeit, die ihr noch zu leben blieb, stark zu sein
그녀는 남은 짧은 시간 동안 강해지기로 결심했습니다.
weil sie fest davon überzeugt war, dass das Biest sie fressen würde
그녀는 짐승이 자신을 먹을 것이라고 굳게 믿었기 때문입니다.
Sie dachte jedoch, sie könnte genauso gut den Palast erkunden
그러나 그녀는 궁전을 탐험하는 것이 좋을 것이라고 생각했습니다.
und sie wollte das schöne Schloss besichtigen
그리고 그녀는 아름다운 성을 보고 싶어했습니다.
ein Schloss, das sie bewundern musste

그녀가 감탄하지 않을 수 없었던 성
Es war ein wunderbar angenehmer Palast
그것은 매우 즐거운 궁전이었습니다
und sie war äußerst überrascht, als sie eine Tür sah
그리고 그녀는 문을 보고 매우 놀랐습니다.
und über der Tür stand, dass es ihr Zimmer sei
그리고 문 위에는 그녀의 방이라고 쓰여 있었습니다.
sie öffnete hastig die Tür
그녀는 서둘러 문을 열었다
und sie war ganz geblendet von der Pracht des Raumes
그리고 그녀는 그 방의 웅장함에 완전히 매료되었습니다.
was ihre Aufmerksamkeit vor allem auf sich zog, war eine große Bibliothek
그녀의 관심을 가장 많이 끈 것은 큰 도서관이었습니다.
ein Cembalo und mehrere Notenbücher
하프시코드와 여러 악보
„Nun", sagte sie zu sich selbst
그녀는 스스로에게 "글쎄요."라고 말했습니다.
„Ich sehe, das Biest wird meine Zeit nicht verstreichen lassen"
"나는 짐승이 내 시간을 무겁게 매달리지 않게 할 것이라는 것을 봅니다"
dann dachte sie über ihre Situation nach
그러자 그녀는 자신의 상황을 곰곰이 생각해보았다.
„Wenn ich einen Tag bleiben sollte, wäre das alles nicht hier"
"내가 하루만 머물기로 했다면 이 모든 것이 여기 있지 않았을 거야"
diese Überlegung gab ihr neuen Mut
이러한 고려 사항은 그녀에게 새로운 용기를 불어넣었습니다.
und sie nahm ein Buch aus ihrer neuen Bibliothek
그리고 그녀는 그녀의 새로운 도서관에서 책 한 권을 가져왔습니다
und sie las diese Worte in goldenen Buchstaben:

그리고 그녀는 금색 글자로 된 이 글을 읽었습니다:
„Begrüße Schönheit, vertreibe die Angst"
"아름다움을 환영하고 두려움을 몰아내세요"
„Du bist hier Königin und Herrin"
"당신은 여기의 여왕이자 여주인이에요"
„Sprich deine Wünsche aus, sprich deinen Willen aus"
"당신의 소원을 말하세요, 당신의 의지를 말하세요"
„Schneller Gehorsam begegnet hier Ihren Wünschen"
"여기서는 신속한 복종이 당신의 소원을 들어줍니다"
"Ach", sagte sie mit einem Seufzer
그녀는 한숨을 쉬며 "아아,"라고 말했습니다.
„Am meisten wünsche ich mir, meinen armen Vater zu sehen"
"가장 보고 싶은 건 가난한 아버지를 뵙는 거예요"
„und ich würde gerne wissen, was er tut"
"그리고 나는 그가 무엇을 하고 있는지 알고 싶습니다"
Kaum hatte sie das gesagt, bemerkte sie den Spiegel
그녀가 이렇게 말하자마자 그녀는 거울을 보았습니다.
zu ihrem großen Erstaunen sah sie ihr eigenes Zuhause im Spiegel
그녀는 거울 속에서 자신의 집을 보고 매우 놀랐습니다.
Ihr Vater kam emotional erschöpft an
그녀의 아버지는 감정적으로 지쳐 도착했습니다.
Ihre Schwestern gingen ihm entgegen
그녀의 자매들은 그를 만나러 갔다
trotz ihrer Versuche, traurig zu wirken, war ihre Freude sichtbar
그들이 슬퍼 보이려고 노력했음에도 불구하고 그들의 기쁨은 눈에 띄었습니다.
einen Moment später war alles verschwunden
잠시 후 모든 것이 사라졌습니다.
und auch die Befürchtungen der Schönheit verschwanden
그리고 미인에 대한 걱정도 사라졌다
denn sie wusste, dass sie dem Tier vertrauen konnte
그녀는 그 짐승을 믿을 수 있다는 것을 알았기 때문이다.

Mittags fand sie das Abendessen fertig
정오에 그녀는 저녁 식사가 준비된 것을 발견했습니다.
sie setzte sich an den Tisch
그녀는 테이블에 앉았다
und sie wurde mit einem Musikkonzert unterhalten
그리고 그녀는 음악 콘서트로 즐거운 시간을 보냈습니다.
obwohl sie niemanden sehen konnte
그녀는 누구도 볼 수 없었지만
abends setzte sie sich wieder zum Abendessen
밤에 그녀는 다시 저녁 식사를 위해 앉았습니다.
diesmal hörte sie das Geräusch, das das Tier machte
이번에 그녀는 짐승이 내는 소리를 들었다
und sie konnte nicht anders, als Angst zu haben
그리고 그녀는 겁에 질리지 않을 수 없었습니다.
"Schönheit", sagte das Monster
"아름다움"이라고 괴물이 말했다
"erlaubst du mir, mit dir zu essen?"
"나랑 같이 식사해도 돼?"
"Mach, was du willst", antwortete die Schönheit zitternd
"당신 마음대로 하세요." 미인이 떨면서 대답했다.
„Nein", antwortete das Tier
"아니요." 짐승이 대답했습니다.
„Du allein bist hier die Herrin"
"여기서 당신만이 여주인이에요"
„Sie können mich wegschicken, wenn ich Ärger mache"
"내가 귀찮으면 날 보내도 돼"
„schick mich fort, und ich werde mich sofort zurückziehen"
"나를 보내주시면 즉시 철수하겠습니다"
„Aber sagen Sie mir: Finden Sie mich nicht sehr hässlich?"
"하지만 말해봐요. 내가 매우 못생겼다고 생각하지 않아요?"
„Das stimmt", sagte die Schönheit
"그게 사실이에요." 미인이 말했다.
„Ich kann nicht lügen"
"나는 거짓말을 할 수 없다"

„aber ich glaube, Sie sind sehr gutmütig"
"하지만 당신은 성격이 매우 좋은 것 같아요"
„Das bin ich tatsächlich", sagte das Monster
"나는 정말로 그렇다"고 괴물이 말했다.
„Aber abgesehen von meiner Hässlichkeit habe ich auch keinen Verstand"
"하지만 내 추함 말고는 아무런 감각도 없어"
„Ich weiß sehr wohl, dass ich ein dummes Wesen bin"
"나는 내가 어리석은 존재라는 것을 잘 알고 있습니다"
„Es ist kein Zeichen von Torheit, so zu denken", antwortete die Schönheit
"그렇게 생각하는 것은 어리석은 일이 아닙니다." 미인이 대답했습니다.
„Dann iss, Schönheit", sagte das Monster
"그럼 먹어라, 미인아." 괴물이 말했다.
„Versuchen Sie, sich in Ihrem Palast zu amüsieren"
"궁전에서 즐겁게 놀아보세요"
"alles hier gehört dir"
"여기 있는 모든 것은 당신 것입니다"
„Und ich wäre sehr unruhig, wenn Sie nicht glücklich wären"
"그리고 당신이 행복하지 않다면 나는 매우 불안할 것입니다"
„Sie sind sehr zuvorkommend", antwortete die Schönheit
"당신은 매우 친절합니다."라고 미인이 대답했습니다.
„Ich gebe zu, ich freue mich über Ihre Freundlichkeit"
"나는 당신의 친절에 기쁘다는 것을 인정합니다"
„Und wenn ich über deine Freundlichkeit nachdenke, fallen mir deine Missbildungen kaum auf"
"그리고 내가 당신의 친절을 생각할 때, 나는 당신의 기형을 거의 알아차리지 못합니다"
„Ja, ja", sagte das Tier, „mein Herz ist gut
"그렇습니다, 그렇습니다." 짐승이 말했다. "내 마음은 좋습니다.
„Aber obwohl ich gut bin, bin ich immer noch ein Monster"

"하지만 내가 아무리 착하더라도 나는 여전히 괴물이야"
„Es gibt viele Männer, die diesen Namen mehr verdienen als Sie."
"당신보다 그 이름을 받을 만한 남자가 많이 있어요"
„und ich bevorzuge dich, so wie du bist"
"그리고 나는 당신을 있는 그대로 더 좋아한다"
„und ich ziehe dich denen vor, die ein undankbares Herz verbergen"
"그리고 나는 은혜를 모르는 마음을 숨기는 자들보다 너희를 더 사랑하노라"
"Wenn ich nur etwas Verstand hätte", antwortete das Biest
"내게 약간의 감각만 있었으면" 짐승이 대답했다.
„Wenn ich vernünftig wäre, würde ich Ihnen als Dank ein schönes Kompliment machen"
"내가 제정신이라면 당신에게 훌륭한 칭찬을 해서 감사를 표하고 싶습니다"
"aber ich bin so langweilig"
"하지만 나는 너무 지루해"
„Ich kann nur sagen, dass ich Ihnen zu großem Dank verpflichtet bin"
"나는 당신에게 큰 감사를 표할 뿐입니다"
Schönheit aß ein herzhaftes Abendessen
미인은 풍성한 저녁을 먹었습니다
und sie hatte ihre Angst vor dem Monster fast überwunden
그리고 그녀는 괴물에 대한 공포를 거의 극복했습니다.
aber sie wollte ohnmächtig werden, als das Biest ihr die nächste Frage stellte
하지만 짐승이 다음 질문을 하자 그녀는 기절할 뻔했다.
"Schönheit, willst du meine Frau werden?"
"아가씨, 제 아내가 되어 주시겠어요?"
es dauerte eine Weile, bis sie antworten konnte
그녀는 대답하기까지 시간이 좀 걸렸다
weil sie Angst hatte, ihn wütend zu machen
그녀는 그를 화나게 할까봐 두려웠기 때문이다
Schließlich sagte sie jedoch "nein, Biest"

하지만 마침내 그녀는 "아니, 짐승아"라고 말했습니다.
sofort zischte das arme Monster ganz fürchterlich
불쌍한 괴물은 즉시 매우 무섭게 쉿쉿거렸습니다.
und der ganze Palast hallte
그리고 궁전 전체가 울려 퍼졌다
aber die Schönheit erholte sich bald von ihrem Schrecken
그러나 아름다움은 곧 그녀의 공포에서 회복되었습니다.
denn das Tier sprach wieder mit trauriger Stimme
짐승이 다시 슬픈 목소리로 말을 했기 때문이다.
„Dann leb wohl, Schönheit"
"그럼 안녕, 아름다움"
und er drehte sich nur ab und zu um
그리고 그는 가끔씩만 뒤돌아보았다
um sie anzusehen, als er hinausging
그가 나갈 때 그녀를 바라보다
jetzt war die Schönheit wieder allein
이제 아름다움은 다시 혼자가 되었습니다
Sie empfand großes Mitgefühl
그녀는 큰 연민을 느꼈다
„Ach, es ist tausendmal schade"
"아, 정말 안타까운 일이에요"
„Etwas, das so gutmütig ist, sollte nicht so hässlich sein"
"그렇게 좋은 성격의 것은 그렇게 추할 수 없다"
Schönheit verbrachte drei Monate sehr zufrieden im Palast
미인은 궁전에서 3개월을 매우 만족스럽게 보냈다
jeden Abend stattete ihr das Biest einen Besuch ab
매일 저녁 짐승이 그녀를 방문했습니다.
und sie redeten beim Abendessen
그리고 그들은 저녁 식사 중에 이야기를 나누었습니다
Sie sprachen mit gesundem Menschenverstand
그들은 상식적으로 이야기했다
aber sie sprachen nicht mit dem, was man als geistreich bezeichnet
하지만 그들은 사람들이 재치있게 말하는 것을 하지 않았습니다.

Schönheit entdeckte immer einen wertvollen Charakter im Biest
미인은 항상 야수에게서 귀중한 특성을 발견합니다
und sie hatte sich an seine Missbildung gewöhnt
그리고 그녀는 그의 기형에 익숙해졌다
sie fürchtete sich nicht mehr vor seinem Besuch
그녀는 더 이상 그의 방문 시간을 두려워하지 않았습니다.
jetzt schaute sie oft auf die Uhr
이제 그녀는 종종 시계를 보았다
und sie konnte es kaum erwarten, bis es neun Uhr war
그리고 그녀는 9시가 되기를 기다릴 수 없었습니다.
denn das Tier kam immer zu dieser Stunde
그 짐승은 그 시간에 결코 오지 않았기 때문이다
Es gab nur eine Sache, die Schönheit betraf
아름다움에 관한 것은 오직 하나뿐이었다
jeden Abend, bevor sie ins Bett ging, stellte ihr das Biest die gleiche Frage
매일 밤 그녀가 잠자리에 들기 전에 짐승은 그녀에게 같은 질문을 던졌습니다.
Das Monster fragte sie, ob sie seine Frau werden wolle
괴물은 그녀에게 자신의 아내가 되어줄 것인지 물었다
Eines Tages sagte sie zu ihm: „Biest, du machst mir große Sorgen."
어느 날 그녀는 그에게 말했다, "짐승아, 너는 나를 매우 불안하게 만든다"
„Ich wünschte, ich könnte einwilligen, dich zu heiraten"
"내가 당신과 결혼하는 데 동의할 수 있었으면 좋겠어요"
„Aber ich bin zu aufrichtig, um dir zu glauben zu machen, dass ich dich heiraten würde"
"하지만 나는 너무 진심이어서 당신과 결혼할 거라고 믿게 만들 수 없어"
„Unsere Ehe wird nie stattfinden"
"우리 결혼은 절대 안 될 거야"
„Ich werde dich immer als Freund sehen"
"나는 당신을 항상 친구로 볼 것입니다"

„Bitte versuchen Sie, damit zufrieden zu sein"
"이것으로 만족하려고 노력해주세요"
„Damit muss ich zufrieden sein", sagte das Tier
"나는 이것으로 만족해야 한다"고 짐승이 말했다.
„Ich kenne mein eigenes Unglück"
"나는 내 불행을 알고 있다"
„aber ich liebe dich mit der zärtlichsten Zuneigung"
"하지만 나는 당신을 가장 부드러운 애정으로 사랑합니다"
„Ich sollte mich jedoch als glücklich betrachten"
"그러나 나는 나 자신을 행복하다고 생각해야 합니다"
"und ich würde mich freuen, wenn du hier bleibst"
"그리고 당신이 여기 머물러서 행복할 것 같아요"
„versprich mir, mich nie zu verlassen"
"나를 절대 떠나지 않겠다고 약속해"
Schönheit errötete bei diesen Worten
이 말에 미녀는 얼굴이 붉어졌다
Eines Tages schaute die Schönheit in ihren Spiegel
어느 날 미인이 거울을 들여다보고 있었습니다
ihr Vater hatte sich schreckliche Sorgen um sie gemacht
그녀의 아버지는 그녀를 걱정하며 괴로워했습니다.
sie sehnte sich mehr denn je danach, ihn wiederzusehen
그녀는 그 어느 때보다도 그를 다시 만나고 싶어했다
„Ich könnte versprechen, dich nie ganz zu verlassen"
"나는 당신을 완전히 떠나지 않을 거라고 약속할 수 있어요"
„aber ich habe so ein großes Verlangen, meinen Vater zu sehen"
"하지만 나는 아버지를 보고 싶은 마음이 너무 강해요"
„Ich wäre unendlich verärgert, wenn Sie nein sagen würden"
"당신이 거절한다면 나는 엄청나게 화가 날 것이다"
"Ich würde lieber selbst sterben", sagte das Monster
"나는 차라리 스스로 죽는 편이 낫다"고 괴물이 말했다.
„Ich würde lieber sterben, als dir Unbehagen zu bereiten"
"당신을 불안하게 만들기보다는 차라리 죽고 싶다"

„Ich werde dich zu deinem Vater schicken"
"내가 너를 네 아버지께로 보내리라"
„Du sollst bei ihm bleiben"
"너는 그와 함께 있을 것이다"
"und dieses unglückliche Tier wird stattdessen vor Kummer sterben"
"그리고 이 불행한 짐승은 대신 슬픔과 함께 죽을 것입니다"
"Nein", sagte die Schönheit weinend
"아니요." 미인이 울면서 말했다.
„Ich liebe dich zu sehr, um die Ursache deines Todes zu sein"
"나는 당신을 너무 사랑해서 당신의 죽음을 초래할 수 없습니다"
„Ich verspreche Ihnen, in einer Woche wiederzukommen"
"일주일 후에 돌아오겠다고 약속드립니다"
„Du hast mir gezeigt, dass meine Schwestern verheiratet sind"
"당신은 내 자매들이 결혼했다는 것을 나에게 보여 주셨습니다"
„und meine Brüder sind zur Armee gegangen"
"그리고 내 형제들은 군대에 갔어요"
"Lass mich eine Woche bei meinem Vater bleiben, da er allein ist"
"아버지가 혼자 계시니 일주일 정도 아버지 집에 머물게 해 주세요"
"Morgen früh wirst du dort sein", sagte das Tier
"너는 내일 아침 거기 있을 거야." 짐승이 말했다.
„Aber denk an dein Versprechen"
"하지만 당신의 약속을 기억하세요"
„Sie brauchen Ihren Ring nur auf den Tisch zu legen, bevor Sie zu Bett gehen."
"잠자리에 들기 전에 반지를 테이블 위에 올려놓기만 하면 돼요"
"Und dann werdet ihr vor dem Morgen zurückgebracht"

"그러면 너는 아침이 오기 전에 다시 데려와질 것이다"
„Lebe wohl, liebe Schönheit", seufzte das Tier
"안녕, 사랑하는 아름다움아." 짐승이 한숨을 쉬며 말했다.
Die Schönheit ging an diesem Abend sehr traurig ins Bett
미인은 그날 밤 매우 슬픈 마음으로 잠자리에 들었습니다.
weil sie das Tier nicht so besorgt sehen wollte
그녀는 짐승이 그렇게 걱정하는 것을 보고 싶지 않았기 때문이다
am nächsten Morgen fand sie sich im Haus ihres Vaters wieder
다음날 아침 그녀는 아버지 집에 있었습니다.
sie läutete eine kleine Glocke neben ihrem Bett
그녀는 침대 옆에 있는 작은 종을 울렸다
und das Dienstmädchen stieß einen lauten Schrei aus
그리고 하녀는 큰 비명을 질렀다.
und ihr Vater rannte nach oben
그리고 그녀의 아버지는 위층으로 달려갔다
er dachte, er würde vor Freude sterben
그는 기쁨으로 죽을 줄 알았다
er hielt sie eine Viertelstunde lang in seinen Armen
그는 그녀를 15분 동안 팔에 안고 있었다
irgendwann waren die ersten Grüße vorbei
마침내 첫 인사가 끝났다
Schönheit begann daran zu denken, aus dem Bett zu steigen
미인은 침대에서 나오는 것에 대해 생각하기 시작했습니다.
aber sie merkte, dass sie keine Kleidung mitgebracht hatte
하지만 그녀는 옷을 하나도 가지고 오지 않았다는 것을 깨달았습니다.
aber das Dienstmädchen sagte ihr, sie habe eine Kiste gefunden
하지만 하인은 그녀에게 상자를 찾았다고 말했습니다.
der große Koffer war voller Kleider und Kleider
큰 트렁크에는 가운과 드레스가 가득 차 있었습니다.
jedes Kleid war mit Gold und Diamanten bedeckt

각 가운은 금과 다이아몬드로 덮여 있었습니다.
Schönheit dankte dem Tier für seine freundliche Pflege
미녀는 야수의 친절한 보살핌에 감사를 표했다
und sie nahm eines der schlichtesten Kleider
그리고 그녀는 가장 단순한 드레스 중 하나를 입었습니다.
Die anderen Kleider wollte sie ihren Schwestern schenken
그녀는 나머지 드레스들을 자매들에게 주려고 했습니다.
aber bei diesem Gedanken verschwand die Kleidertruhe
그런데 그 생각에 옷 상자가 사라져 버렸다
Das Biest hatte darauf bestanden, dass die Kleidung nur für sie sei
짐승은 그 옷이 그녀만을 위한 것이라고 주장했다
ihr Vater sagte ihr, dass dies der Fall sei
그녀의 아버지는 이것이 사실이라고 그녀에게 말했습니다.
und sofort kam die Kleidertruhe wieder zurück
그리고 곧 옷 상자가 다시 돌아왔습니다.
Schönheit kleidete sich mit ihren neuen Kleidern
미인은 새로운 옷을 입고 차려입었다
und in der Zwischenzeit gingen die Mägde los, um ihre Schwestern zu finden
그리고 그 사이에 하인들은 그녀의 자매들을 찾으러 갔다
Ihre beiden Schwestern waren mit ihren Ehemännern
그녀의 자매 둘 다 남편과 함께 있었습니다
aber ihre beiden Schwestern waren sehr unglücklich
하지만 그녀의 두 자매는 모두 매우 불행했습니다.
Ihre älteste Schwester hatte einen sehr gutaussehenden Herrn geheiratet
그녀의 큰 언니는 매우 잘생긴 신사와 결혼했습니다.
aber er war so selbstgefällig, dass er seine Frau vernachlässigte
그러나 그는 자신을 너무 사랑해서 아내를 소홀히 했습니다.
Ihre zweite Schwester hatte einen geistreichen Mann geheiratet

그녀의 두 번째 자매는 재치있는 남자와 결혼했습니다.
aber er nutzte seinen Witz, um die Leute zu quälen
하지만 그는 자신의 재치를 이용해 사람들을 괴롭혔다
und am meisten quälte er seine Frau
그리고 그는 그의 아내를 가장 괴롭혔다
Die Schwestern der Schönheit sahen sie wie eine Prinzessin gekleidet
미인의 자매들은 그녀가 공주처럼 차려입은 것을 보았다
und sie waren krank vor Neid
그리고 그들은 질투에 질려 있었습니다.
jetzt war sie schöner als je zuvor
이제 그녀는 그 어느 때보다 더 아름다웠다
ihr liebevolles Verhalten konnte ihre Eifersucht nicht unterdrücken
그녀의 애정 어린 행동은 그들의 질투를 억누를 수 없었다
Sie erzählte ihnen, wie glücklich sie mit dem Tier war
그녀는 그들에게 자신이 그 짐승과 얼마나 행복한지 말했습니다.
und ihre Eifersucht war kurz vor dem Platzen
그리고 그들의 질투는 터질 준비가 되었습니다.
Sie gingen in den Garten, um über ihr Unglück zu weinen
그들은 불행을 울기 위해 정원으로 내려갔습니다.
„Inwiefern ist dieses kleine Geschöpf besser als wir?"
"이 작은 생물이 우리보다 어떤 면에서 나을 수가 있을까?"
„Warum sollte sie so viel glücklicher sein?"
"그녀가 왜 그렇게 더 행복해야 할까요?"
„Schwester", sagte die ältere Schwester
"언니," 언니가 말했다.
„Mir ist gerade ein Gedanke gekommen"
"방금 어떤 생각이 떠올랐어요"
„Versuchen wir, sie länger als eine Woche hier zu behalten"
"그녀를 일주일 이상 여기 머물게 해보자"
„Vielleicht macht das das dumme Monster wütend"
"아마도 이게 어리석은 괴물을 화나게 할 거야"
„weil sie ihr Wort gebrochen hätte"

"그녀가 약속을 어겼을 테니까"
"und dann könnte er sie verschlingen"
"그러면 그는 그녀를 삼킬 수도 있습니다"
"Das ist eine tolle Idee", antwortete die andere Schwester
"좋은 생각이네요." 다른 자매가 대답했다.
„Wir müssen ihr so viel Freundlichkeit wie möglich entgegenbringen"
"우리는 그녀에게 가능한 한 많은 친절을 보여야 합니다"
Die Schwestern fassten den Entschluss
자매들은 이것을 결심했습니다
und sie verhielten sich sehr liebevoll gegenüber ihrer Schwester
그리고 그들은 자매에게 매우 애정을 가지고 행동했습니다.
Die arme Schönheit weinte vor Freude über all ihre Freundlichkeit
불쌍한 미녀는 그들의 모든 친절에 기쁨으로 울었습니다.
Als die Woche um war, weinten sie und rauften sich die Haare
일주일이 지나자 그들은 울고 머리를 뜯었다.
es schien ihnen so leid zu tun, sich von ihr zu trennen
그들은 그녀와 헤어지는 것이 너무 미안해 보였다
und die Schönheit versprach, noch eine Woche länger zu bleiben
그리고 아름다움은 일주일 더 머물겠다고 약속했습니다
In der Zwischenzeit konnte die Schönheit nicht umhin, über sich selbst nachzudenken
그 사이에 미인은 자기 자신을 돌아보지 않을 수 없었다.
sie machte sich Sorgen darüber, was sie dem armen Tier antat
그녀는 불쌍한 짐승에게 무슨 짓을 하고 있는지 걱정했습니다.
Sie wusste, dass sie ihn aufrichtig liebte
그녀는 자신이 그를 진심으로 사랑한다는 것을 알고 있다
und sie sehnte sich wirklich danach, ihn wiederzusehen

그리고 그녀는 정말로 그를 다시 만나고 싶어했습니다
Auch die zehnte Nacht verbrachte sie bei ihrem Vater
그녀도 아버지 집에서 보낸 열 번째 밤
sie träumte, sie sei im Schlossgarten
그녀는 궁전 정원에 있는 꿈을 꾸었다
und sie träumte, sie sähe das Tier ausgestreckt im Gras liegen
그리고 그녀는 짐승이 풀밭 위로 뻗어 있는 것을 꿈꿨습니다.
er schien ihr mit sterbender Stimme Vorwürfe zu machen
그는 죽어가는 목소리로 그녀를 비난하는 듯했다.
und er warf ihr Undankbarkeit vor
그리고 그는 그녀가 배은망덕하다고 비난했습니다.
Schönheit erwachte aus ihrem Schlaf
미녀가 잠에서 깨어났다
und sie brach in Tränen aus
그리고 그녀는 눈물을 터뜨렸다
„Bin ich nicht sehr böse?"
"내가 매우 사악하지 않은가?"
„War es nicht grausam von mir, so unfreundlich gegenüber dem Tier zu sein?"
"내가 그 짐승에게 그토록 불친절하게 대하는 게 잔인하지 않았나요?"
„Das Biest hat alles getan, um mir zu gefallen"
"짐승은 나를 기쁘게 하기 위해 모든 것을 다 했다"
"Ist es seine Schuld, dass er so hässlich ist?"
"그가 그렇게 못생긴 게 그의 잘못이에요?"
„Ist es seine Schuld, dass er so wenig Verstand hat?"
"그가 재치가 없는 게 그의 잘못인가요?"
„Er ist freundlich und gut, und das genügt"
"그는 친절하고 착하며, 그것으로 충분합니다"
„Warum habe ich mich geweigert, ihn zu heiraten?"
"왜 나는 그와 결혼하는 것을 거부했을까?"
„Ich sollte mit dem Monster glücklich sein"
"나는 괴물과 함께 행복해야 한다"

„Schau dir die Männer meiner Schwestern an"
"내 자매들의 남편들을 보세요"
„Weder Witz noch Schönheit machen sie gut"
"재치도 없고, 잘생겼다는 것도 그들을 훌륭하게 만들지 못한다"
„Keiner ihrer Ehemänner macht sie glücklich"
"그들의 남편 중 누구도 그들을 행복하게 해주지 않는다"
„sondern Tugend, Sanftmut und Geduld"
"그러나 미덕, 온화한 성격, 인내심"
„Diese Dinge machen eine Frau glücklich"
"이런 것들이 여자를 행복하게 만든다"
„und das Tier hat all diese wertvollen Eigenschaften"
"그리고 그 짐승은 이 모든 귀중한 자질을 가지고 있습니다"
„es ist wahr, ich empfinde keine Zärtlichkeit und Zuneigung für ihn"
"그렇습니다. 나는 그에게 애정의 부드러움을 느끼지 못합니다"
„aber ich empfinde für ihn die allergrößte Dankbarkeit"
"하지만 나는 그에게 가장 큰 감사를 느낀다"
„und ich habe die höchste Wertschätzung für ihn"
"그리고 나는 그를 가장 존경합니다"
"und er ist mein bester Freund"
"그리고 그는 내 가장 친한 친구야"
„Ich werde ihn nicht unglücklich machen"
"나는 그를 불행하게 만들지 않을 것이다"
„Wenn ich so undankbar wäre, würde ich mir das nie verzeihen"
"내가 그렇게 배은망덕하다면 결코 나 자신을 용서하지 않을 것입니다"
Schönheit legte ihren Ring auf den Tisch
미인은 그녀의 반지를 테이블에 올려놓았다
und sie ging wieder zu Bett
그리고 그녀는 다시 잠자리에 들었다
kaum war sie im Bett, da schlief sie ein

그녀는 잠들기 직전에 침대에 거의 누워 있었습니다.
Sie wachte am nächsten Morgen wieder auf
그녀는 다음날 아침에 다시 일어났다
und sie war überglücklich, sich im Palast des Tieres wiederzufinden
그리고 그녀는 자신이 짐승의 궁전에 있는 것을 발견하고 매우 기뻤습니다.
Sie zog eines ihrer schönsten Kleider an, um ihm zu gefallen
그녀는 그를 기쁘게 하기 위해 그녀의 가장 아름다운 드레스 중 하나를 입었습니다.
und sie wartete geduldig auf den Abend
그리고 그녀는 참을성 있게 저녁을 기다렸다
kam die ersehnte Stunde
마침내 바라던 시간이 왔습니다
die Uhr schlug neun, doch kein Tier erschien
시계는 9시를 쳤지만 짐승은 나타나지 않았습니다.
Schönheit befürchtete dann, sie sei die Ursache seines Todes gewesen
미인은 그때 자신이 그의 죽음의 원인이라고 두려워했습니다.
Sie rannte weinend durch den ganzen Palast
그녀는 궁전 주위를 울면서 돌아다녔다
nachdem sie ihn überall gesucht hatte, erinnerte sie sich an ihren Traum
그녀는 그를 사방에서 찾아다닌 끝에 자신의 꿈을 떠올렸다.
und sie rannte zum Kanal im Garten
그리고 그녀는 정원의 운하로 달려갔다
Dort fand sie das arme Tier ausgestreckt
그녀는 그곳에서 불쌍한 짐승이 뻗어 있는 것을 발견했습니다.
und sie war sicher, dass sie ihn getötet hatte
그리고 그녀는 자신이 그를 죽였다고 확신했습니다
sie warf sich ohne Furcht auf ihn
그녀는 아무런 두려움 없이 그에게 몸을 던졌습니다.

sein Herz schlug noch
그의 심장은 아직도 뛰고 있었다
sie holte etwas Wasser aus dem Kanal
그녀는 운하에서 물을 가져왔다
und sie goss das Wasser über seinen Kopf
그리고 그녀는 그의 머리에 물을 부었다
Das Tier öffnete seine Augen und sprach mit der Schönheit
짐승은 눈을 뜨고 미녀에게 말을 걸었다
„Du hast dein Versprechen vergessen"
"당신은 약속을 잊었어요"
„Es hat mir das Herz gebrochen, dich verloren zu haben"
"당신을 잃어서 너무 마음이 아팠어요"
„Ich beschloss, zu hungern"
"나는 굶어 죽기로 결심했다"
„aber ich habe das Glück, Sie wiederzusehen"
"하지만 나는 당신을 다시 볼 수 있는 행복을 가지고 있습니다"
„so habe ich das Vergnügen, zufrieden zu sterben"
"그래서 나는 만족스럽게 죽을 수 있는 기쁨을 얻었습니다"
„Nein, liebes Tier", sagte die Schönheit, „du darfst nicht sterben"
"아니, 사랑하는 짐승아," 미녀가 말했다, "너는 죽어서는 안 돼."
„Lebe, um mein Ehemann zu sein"
"내 남편으로 살아라"
„Von diesem Augenblick an reiche ich dir meine Hand"
"이 순간부터 나는 당신에게 내 손을 줍니다"
„und ich schwöre, niemand anderes als Dein zu sein"
"그리고 나는 당신 외에는 아무도 될 수 없다고 맹세합니다"
„Ach! Ich dachte, ich hätte nur Freundschaft für dich."
"아아! 나는 너에게 우정만 있을 줄 알았어"
"aber der Kummer, den ich jetzt fühle, überzeugt mich;"
"하지만 지금 내가 느끼는 슬픔이 나를 설득합니다."

„Ich kann nicht ohne dich leben"
"나는 너 없이는 살 수 없어"
Schönheit hatte diese Worte kaum gesagt, als sie ein Licht sah
아름다움은 빛을 보았을 때 이 말을 거의 하지 않았습니다.
der Palast funkelte im Licht
궁전은 빛으로 반짝였다
Feuerwerk erleuchtete den Himmel
불꽃놀이가 하늘을 밝혔다
und die Luft erfüllt mit Musik
그리고 음악으로 가득 찬 공기
alles kündigte ein großes Ereignis an
모든 것이 어떤 큰 사건을 알리는 신호였다
aber nichts konnte ihre Aufmerksamkeit fesseln
하지만 그녀의 관심을 끌 수 있는 것은 아무것도 없었다.
sie wandte sich ihrem lieben Tier zu
그녀는 그녀의 사랑하는 짐승에게로 돌아섰다
das Tier, vor dem sie vor Angst zitterte
그녀가 두려움에 떨던 짐승
aber ihre Überraschung über das, was sie sah, war groß!
하지만 그녀는 본 것에 큰 놀라움을 느꼈습니다!
das Tier war verschwunden
짐승이 사라졌다
stattdessen sah sie den schönsten Prinzen
대신 그녀는 가장 사랑스러운 왕자를 보았습니다
sie hatte den Zauber beendet
그녀는 그 주문을 끝냈다
ein Zauber, unter dem er einem Tier ähnelte
그가 짐승과 닮은 주문
dieser Prinz war all ihre Aufmerksamkeit wert
이 왕자는 그녀의 모든 관심을 받을 만한 사람이었다
aber sie konnte nicht anders und musste fragen, wo das Biest war
하지만 그녀는 그 짐승이 어디에 있는지 묻지 않을 수 없었다.

„Du siehst ihn zu deinen Füßen", sagte der Prinz
"당신은 그가 당신의 발 아래에 있는 것을 보았습니다."
왕자가 말했습니다.
„Eine böse Fee hatte mich verdammt"
"사악한 요정이 나를 정죄했다"
„Ich sollte diese Gestalt behalten, bis eine wunderschöne Prinzessin einwilligte, mich zu heiraten."
"나는 아름다운 공주가 나와 결혼하기로 동의할 때까지 그 모습을 유지해야 했습니다"
„Die Fee hat mein Verständnis verborgen"
"요정이 내 이해를 숨겼다"
„Du warst der Einzige, der großzügig genug war, um von meiner guten Laune bezaubert zu sein."
"당신은 내 성격의 좋은 점에 매료될 만큼 관대한 유일한 사람이었습니다"
Schönheit war angenehm überrascht
미인은 행복하게 놀랐다
und sie gab dem bezaubernden Prinzen ihre Hand
그리고 그녀는 매력적인 왕자에게 손을 내밀었다
Sie gingen zusammen ins Schloss
그들은 함께 성으로 들어갔다
und die Schöne war überglücklich, ihren Vater im Schloss zu finden
그리고 미인은 성에서 아버지를 만나서 매우 기뻤습니다.
und ihre ganze Familie war auch da
그리고 그녀의 온 가족도 거기에 있었습니다
sogar die schöne Dame, die in ihrem Traum erschienen war, war da
그녀의 꿈에 나타난 아름다운 여인도 거기에 있었어요
"Schönheit", sagte die Dame aus dem Traum
"아름다움" 꿈 속의 여인이 말했다.
„Komm und empfange deine Belohnung"
"와서 보상을 받으세요"
„Sie haben die Tugend dem Witz oder dem Aussehen vorgezogen"

"당신은 재치나 외모보다 미덕을 더 선호합니다"
„und Sie verdienen jemanden, in dem diese Eigenschaften vereint sind"
"그리고 당신은 이러한 자질이 결합된 사람을 만날 자격이 있습니다"
„Du wirst eine großartige Königin sein"
"너는 위대한 여왕이 될 거야"
„Ich hoffe, der Thron wird deine Tugend nicht schmälern"
"왕위가 당신의 덕을 낮추지 않기를 바랍니다"
Dann wandte sich die Fee an die beiden Schwestern
그러자 요정은 두 자매에게로 돌아섰다.
„Ich habe in eure Herzen geblickt"
"나는 너희 마음을 보았다"
„und ich kenne die ganze Bosheit, die in euren Herzen steckt"
"그리고 나는 당신들의 마음에 얼마나 악의가 담겨 있는지 알고 있습니다"
„Ihr beide werdet zu Statuen"
"너희 둘은 동상이 될 거야"
„Aber ihr werdet euren Verstand bewahren"
"그러나 너희는 마음을 지키리라"
„Du sollst vor den Toren des Palastes deiner Schwester stehen"
"너는 네 누이의 궁전 문 앞에 서라"
„Das Glück deiner Schwester soll deine Strafe sein"
"네 자매의 행복은 네 벌이 될 것이다"
„Sie werden nicht in Ihren früheren Zustand zurückkehren können"
"너희는 다시는 너희의 옛 상태로 돌아갈 수 없을 것이다"
„es sei denn, Sie beide geben Ihre Fehler zu"
"두 분 다 자신의 잘못을 인정하지 않는 한"
„Aber ich sehe voraus, dass ihr immer Statuen bleiben werdet"
"하지만 나는 당신이 영원히 동상으로 남을 것이라고 예상합니다"

„Stolz, Zorn, Völlerei und Faulheit werden manchmal besiegt"
"자만심, 분노, 폭식, 게으름은 때때로 극복된다"
„aber die Bekehrung neidischer und böswilliger Gemüter sind Wunder"
" 그러나 시기하고 악의에 찬 마음을 회개시키는 것은 기적입니다"
sofort strich die Fee mit ihrem Zauberstab
요정은 즉시 지팡이로 쳐냈다.
und im nächsten Augenblick waren alle im Saal entrückt
그리고 순식간에 홀에 있던 모든 사람들이 옮겨졌습니다.
Sie waren in die Herrschaftsgebiete des Fürsten eingedrungen
그들은 왕자의 영토로 들어갔다
die Untertanen des Prinzen empfingen ihn mit Freude
왕자의 신하들은 그를 기쁨으로 맞이했다
der Priester heiratete die Schöne und das Biest
신부는 미녀와 야수를 결혼시켰다
und er lebte viele Jahre mit ihr
그리고 그는 그녀와 오랜 세월을 함께 살았습니다
und ihr Glück war vollkommen
그리고 그들의 행복은 완전했다
weil ihr Glück auf Tugend beruhte
그들의 행복은 덕에 기초했기 때문입니다.

Das Ende
끝

www.tranzlaty.com

www.ingramcontent.com/pod-product-compliance
Lightning Source LLC
Chambersburg PA
CBHW011552070526
44585CB00023B/2557